Promotion FACEBOOK

L'art d'utiliser les réseaux sociaux

Les Hautes Etudes de e-Commerce (HEeC)

Didier HALLÉPÉE

les écrivains de
FONDCOMBE

Collection économie

Promotion FACEBOOK

L'art d'utiliser les réseaux sociaux

Les Hautes Etudes de e-Commerce (HEeC)

Didier HALLÉPÉE

<u>Avertissement sur la lecture des livres numériques</u>

Si vous utilisez la version numérique de ce livre, n'oubliez pas de tenir compte des recommandations d'utilisation liées à l'utilisation de votre liseuse, de votre ordinateur ou de votre dispositif de lecture.

Egalement disponibles chez Carrefour du Net

Collection animaux
Didier Hallépée – Le chat mau égyptien
Didier Hallépée – Citations et proverbes chats et chiens
Didier Hallépée – Mot à mau, les pensées du chat mau
Didier Hallépée – Pensées Royales Canines, les pensées du King Charles
Didier Hallépée – Mon chat m'a dit, mon chien m'a dit
Didier Hallépée – Les enfants du chat mau – histoire du chat de race

Collection romans
Claude-Aimé Motongane — Le coffret des savoirs
Bérénice Bééréniccia – Le destin de l'héritière Emmienne
Bérénice Bééréniccia – Le sang des messagers

Collection faits de société
Didier Hallépée – Mon opérateur télécom me vole-t-il ?
Didier Hallépée – Une Orange bien juteuse
Didier Hallépée – Orange amère
Dragonera – Octopus – la conspiration des banksters
Marcus Dornbusch – Rue d'Ulm - volume 1 - le temps des impostures
Marcus Dornbusch – Rue d'Ulm - volume 2 - le repaire des escrocs
Marcus Dornbusch – Rue d'Ulm - volume 3 – l'antre des charlatans
Marcus Dornbusch – Rue d'Ulm - volume 4 – la tanière des antijuifs

Collection stratégie
Général de Brack — avant-postes de cavalerie
Jules César — La guerre des Gaules
Jules César — La guerre civile
Jules César — La guerre de pacification
Jules César — La guerre des Gaules — La guerre civile — La guerre de pacification

Collection classiques
Cardinal de Retz — Mémoires

Saint-Simon — Mémoires — volume 1 — 1691-1699
Saint-Simon — Mémoires — volume 2 — 1700-1703
Saint-Simon — Mémoires — volume 3 — 1704-1707
Saint-Simon — Mémoires — volume 4 — 1708-1709
Saint-Simon — Mémoires — volume 5 — 1710-1711
Saint-Simon — Mémoires — volume 6 — 1712-1714
Saint-Simon — Mémoires — volume 7 — 1715
Saint-Simon — Mémoires — volume 8 — 1716-1717
Saint-Simon — Mémoires — volume 9 — 1718
Saint-Simon — Mémoires — volume 10 — 1719-1721
Saint-Simon — Mémoires — volume 11 — 1722-1723

Retrouvez l'auteur sur le forum 'les écrivains de Fondcombe'
http://forum.fondcombe.com

Egalement disponibles en ebooks

Collection essais
D. Hallépée — A ma fille
D. Hallépée — A mon fils
D. Hallépée — A mes enfants
D. Hallépée — Nombres en folie – les divagations du mathématicien fou

Collection faits de société
D. Hallépée — Mon opérateur Télécom me vole-t-il ?
D. Hallépée — Une Orange bien juteuse
D. Hallépée — Orange amère

Collection animaux
D. Hallépée — The Egyptian Mau cat
D. Hallépée — Mot à mau, les pensées du chat mau
D. Hallépée — Mau mews (photo-comic)
D. Hallépée — Pensées royales canines, les pensées du king Charles
D. Hallépée — King barks (photo-comic)
D. Hallépée — Les secrets de Bastet — précis de génétique féline
D. Hallépée — Les enfants du chat mau — histoire du chat de race
D. Hallépée — The children of the Mau cat — history of the breed cat
D. Hallépée — I figli del gatto mau — storia des gatto di razza
D. Hallépée — Secrets de chat — citations félines
D. Hallépée — Cat secrets — cat quotes
D. Hallépée — Secrets de chien — citations canines
D. Hallépée — Dog secrets — dog quotes
D. Hallépée — Mon chat m'a conté
D. Hallépée — Mon chien m'a conté
D. Hallépée — Mon coq m'a conté
Fables de La Fontaine
Fables d'Esope
Fables d'Esope & Fables de La Fontaine
Le roman de Renart

Collection contes
D. Hallépée — Mon chat m'a conté
D. Hallépée — Mon chien m'a conté
D. Hallépée — Mon coq m'a conté
Contes d'Andersen
Contes de Grimm
Contes de Perrault
Contes de madame d'Aulnoye
Fables de La Fontaine
Fables d'Esope
Fables d'Esope & Fables de La Fontaine

Collection classiques

Lewis Carroll – Alice au Pays des Merveilles
Lewis Carroll – De l'autre côté du miroir
Lewis Carroll – Alice au Pays des Merveilles – De l'autre côté du miroir
Brantôme - Vies des dames galantes
Cardinal de Retz — Mémoires
Saint-Simon — Mémoires — volume 1 — 1691-1699
Saint-Simon — Mémoires — volume 2 — 1700-1703
Saint-Simon — Mémoires — volume 3 — 1704-1707
Saint-Simon — Mémoires — volume 4 — 1708-1709
Saint-Simon — Mémoires — volume 5 — 1710-1711
Saint-Simon — Mémoires — volume 6 — 1712-1714
Saint-Simon — Mémoires — volume 7 — 1715
Saint-Simon — Mémoires — volume 8 — 1716-1717
Saint-Simon — Mémoires — volume 9 — 1718
Saint-Simon — Mémoires — volume 10 — 1719-1721
Saint-Simon — Mémoires — volume 11 — 1722-1723
Dante Alighieri — La divine comédie — volume 1 — L'enfer
Dante Alighieri — La divine comédie — volume 2 — Le purgatoire
Dante Alighieri — La divine comédie — volume 3 — Le paradis
Dante Alighieri — La divine comédie — L'enfer — Le purgatoire — Le paradis
Boccace — Decameron
Miguel de Cervantès Saavedra — Don Quichotte — volume 1
Miguel de Cervantès Saavedra — Don Quichotte — volume 2
Miguel de Cervantès Saavedra — Don Quichotte — intégrale
Lewis Carroll — Alice au pays des merveilles
Lewis Carroll — Alice de l'autre côté du miroir
Cholderos de Laclos — Les liaisons dangereuses
Louis Pergaud — La guerre des boutons
Louis Pergaud — La guerre des boutons – Le roman de Miraut – Les rustiques
Sophie Rostopchine, comtesse de Ségur – Œuvres complètes – Volume 1
Sophie Rostopchine, comtesse de Ségur – Œuvres complètes – Volume 2
Sophie Rostopchine, comtesse de Ségur – Œuvres complètes – Volume 3
Sophie Rostopchine, comtesse de Ségur – Œuvres complètes – Volume 4
Sophie Rostopchine, comtesse de Ségur – Œuvres complètes – Volume 5
Le procès de Jeanne d'Arc
Victor Hugo – Les Misérables – 1 – Fantine
Victor Hugo – Les Misérables – 2 – Cosette
Victor Hugo – Les Misérables – 3 – Marius
Victor Hugo – Les Misérables – 4 – Gavroche
Victor Hugo – Les Misérables – 5 – Jean Valjean
Victor Hugo – Notre Dame de Paris
Alphonse Daudet – Lettres de mon moulin – Contes du lundi
Alphonse Daudet – Tartarin de Tarascon – Tartarin dans les Alpes – Port Tarascon

3 000 amis Facebook ? C'est impressionnant. Mais combien en connais-tu ? Une dizaine ?

anonyme

Avec mes années d'expérience sur Facebook et Twitter au lycée, vous pouvez m'engager : je serai un champion de LinkedIn et Viadeo.

anonyme

Ma femme a fini par me prévenir par Twitt qu'elle me quittait. Cela m'a épargné une dispute sur Facebook.

anonyme

Facebook ? J'arrête quand je veux.

anonyme

Une carte de fidélité pour un homme ? Est-ce bien utile ?

femme anonyme

Le verbe résister doit toujours se conjuguer au présent.

Lucien Aubrac

— Dieu a dit "Croissez et multipliez". Il n'a plus jamais réussi a se débarrasser des lapins.

La Bible selon Twitter

— Dieu m'a parlé ! Il m'a dit "Tu ferais mieux de les baptiser là où ils ont pied, ça t'évitera de les noyer".

La Bible selon Twitter

— Ecce homo !
— Ben, c'est gay !

La Bible selon Twitter

— Tu engendreras dans la douleur !
— La Douleur ? une nouvelle maternité ?

La Bible selon Twitter

— Tu gagneras ton pain à la sueur de ton front, et plus tard tu inventeras la douche !

La Bible selon Twitter

— Pour un œil les deux yeux, pour une dent toute la gueule !
— T'es dans la chirurgie esthétique, ou quoi ?

La Bible selon Twitter

— Salomé, tu vas me faire perdre la tête !
— Oui Jean (Baptiste) !

La Bible selon Twitter

— Ta main droite ignorera ce que fait ta main gauche !
— Ben, pour le piano, c'est pas top !

La Bible selon Twitter

Des amis ? J'ai pensé à mes soixante-dix amis Facebook. L'honnêteté m'a obligé à dire : pas vraiment, non.

Jonathan Coe

Sur mon compte Facebook, je passai en revue la liste de mes milliers d'amis virtuels; il n'y en avait pas un que je puisse appeler pour aller boire une bière.

Joël Dicker

Dans un réseau social, la confidentialité n'existe jamais.

Karl Dubosc

Face à Facebook, je me sens tel le Moïse des temps modernes contemplant la montée du Déluge. Dieu m'a bien twitté son message, mais je ne parviens pas à le retrouver !

Didier Hallépée

Les calembours sont les pets de l'esprit.

Victor Hugo

Par la grâce de l'hypertexte et des échanges sur Facebook, Twitter, Pinterest, l'effet « marabout-bout de ficelle-selle de cheval » joue à plein : Le numérique constitue une matrice de découvertes inopinées et fortuites qui représente le sel même de la culture. Internet provoque un effet boule de neige

David Lacombled

Le vieux proverbe militaire dit vrai: nul ne va jamais plus vite que la musique. Et Woodstock précède Facebook.

Michel Serres

Attention, si vous recevez un message de ma part demandant de virer de l'argent sur mon compte, ce n'est pas un spam, c'est vrai ! J'ai besoin de thune pour partir en vacances.

Facebook

Celui qui a dit que l'argent ne fait pas le bonheur ne connaissait pas les bonnes boutiques.

Facebook

Certaines personnes me font penser à des crocodiles , petites pattes grande gueule.

Facebook

Cherche un électricien pour rétablir le courant entre les gens qui ne se parlent plus; un opticien pour changer le regard des gens vis-à-vis des autres; un artiste pour dessiner un sourire sur tous les visages; un maçon pour bâtir la paix et enfin un professeur de maths pour réapprendre à compter les uns sur les autres !

Facebook

— Compte les étoiles et tu sauras combien je t'aime.
— Mais, on est en plein jour !
— Exactement.

Facebook

Croyez en ce qui vous aidera à mieux dormir la nuit.

Facebook

D'après une étude, 1595973568 personnes ont eu la flemme de lire ce nombre. Si, toi aussi, tu ne l'as pas lu, clique sur j'aime.

Facebook

Hey, idiot, I love you !

Facebook

Il m'a fallu du temps pour apprendre à parler, il me faudra toute la vie pour apprendre à la fermer.

Facebook

— J'ai peur de te perdre.
— Tu veux un GPS ?

Facebook

— J'ai rêvé de toi.
— Comment c'était ?
— Je me souviens pas.
— Alors, comment tu sais que t'as rêvé de moi ?
— Je me suis réveillée heureuse.

Facebook

J'aimerais t'avoir en face de moi, et te foutre une baffe.

Facebook

Je crois que j'ai raté le bus qui m'éloignait de ma peine.

Je ne prendrai pas la peine de te rayer de ma vie. Je vais simplement te bannir de mes amis Facebook !

Je suis ravie que tu aimes jouer. Après tout, mon cœur, un gagnant finit toujours par perdre à force de s'amuser.

Je t'ai largué sur Facebook. Me fais pas chier sur Twitter !

L'alcool ne résout pas les problèmes. Ceci dit, l'eau et le lait non plus.

L'exorciste, La maison de cire, Saw, ne feront jamais aussi peur que 10 appels manqués de tes parents.

Laisse ton manteau en bas : le patron est dans ton bureau. Fais lui croire que tu étais à la photocopieuse.

Les mecs d'aujourd'hui veulent une fille qui s'intéresse au foot, à la play, qui se nourrit de pizzas et qui se maquille pas... Il leur manque plus que le mariage gay pour connaître leur monde idéal ?

Loto, à qui le tour ? A moi, bordel !

On dit toujours que ça n'arrive qu'aux autres jusqu'au jour où les autres c'est toi.

Parce qu'il y a toujours un peu de vérité derrière les « je rigole », un peu de curiosité derrière les « je demandais juste », un peu de savoir derrière les « je sais pas », un peu de mensonge derrière les « je m'en fous », un peu de souffrance derrière les « ça va merci ».

Parents : Personnes Anormales Rendant L'enfance Nettement Trop Stricte.

– Pourquoi tu l'aimes ? Tu sais très bien qu'il ne t'aimera jamais en retour.
– Pourquoi tu respires ? Tu sais très bien que tu mourras un jour.

Quand j'étais petite, j'adorais la pêche aux canards. Aujourd'hui, j'excelle dans la pêche aux connards.

Quand une fille abandonne ce n'est pas qu'elle ne t'aime pas. Mais qu'elle est fatiguée de faire des efforts pour rien.

Facebook

Quand un homme politique se regarde dans la glace et qu'il voit Sarko, il est bon pour être élu.

Twitter

Renvoyées pour un tee-shirt ! Les collabos de cette dictature sont partout.

Facebook

S'il y a un millionnaire parmi mes amis Facebook, qu'il sache que je l'aime très fort.

Facebook

Seuls vos vrais amis savent où vous frapper pour que ça fasse mal !

Twitter

« T'es grosse », trois mots, neuf lettres, deux secondes pour le dire, une adolescence gâchée.

Facebook

Te voir connecté. Cliquer sur notre discussion instantanée. Ne pas te parler. Voir « est en train d'écrire ». Sourire. Rire. Renaître. Revivre. Ne rien recevoir. Je m'en fiche. Tu as voulu. Je t'aime.

Facebook

Trop de compromis finissent par compromettre.

Facebook

– Tu lui manques. Je suis sûr qu'il pense à toi tout le temps.
– Même quand il est avec sa pouf ?

Facebook

– Tu te rappelles de moi ?
– Non.
– Mais si ! On était amis quand tu avais besoin de moi.

Facebook

– Tu m'en veux ?
– Mais non voyons, j'adore être prise pour une conne !

Facebook

Un jour, notre amour sera sur Wikipédia.

Twitter

Vous vous moquez de moi parce-que je suis différente. Moi je me moque de vous parce-que vous êtes tous pareils.

Twitter

AVANT-PROPOS

Avec l'arrivée des ordinateurs personnels, d'internet et des réseaux sociaux dans tous les foyers, le rapport de chacun à la société a été fondamentalement bouleversé.

Quoi que l'homme dans sa vie quotidienne soit plus seul que jamais, il est désormais relié au monde entier, pour le meilleur et pour le pire.

Les amis avec qui sortir le soir se font rares, mais qu'importe, il a des milliers d'amis sur Facebook.

Et quand il a une idée géniale, il peut d'un simple clic en faire part au monde entier.

Bien sûr, on a de nombreux amis. Mais ils ont eux aussi de nombreux amis qui ont eux aussi de nombreux amis. Grâce à eux, on est séparé que par quelques clics de l'humanité numérique toute entière.

Mais plus on a d'amis, plus on reçoit de messages. Dans cette manne numérique, comment distinguer cet important message perdu au milieu des hurlements d'une humanité qui s'ennuie !

Face à Facebook, je me sens tel le Moïse (Noé) des temps modernes contemplant la montée du Déluge. Dieu m'a bien twitté son message, mais je ne parviens pas à le retrouver !

Face au tout numérique, nous sommes tous presque égaux. Un inconnu peut connaître du jour au lendemain un succès mondial tandis que la multinationale tentera en vain de promouvoir à prix d'or un produit qui ne correspond pas aux attentes du public.

Les relais sociaux sont un extraordinaire outil de promotion pour celui qui sait les utiliser. Bien sûr, ils ne feront pas vendre l'invendable, mais au moins il y a là une chance que chacun peut saisir.

Evidemment, c'est comme tout, ça s'apprend.

Promouvoir ses œuvres, ses idées, ses produits ou ses combats ; refaire le monde, faire élire son candidat ou vendre son dernier livre ; pour tout cela, il faut faire savoir. C'est là l'essentiel.

Il ne faut pas seulement hurler à la face du monde, il faut aussi être entendu. C'est tout un art.

Ce livre est destiné à vous y aider.

Œuvrons par l'exemple : je vais prendre l'exemple d'un auteur (pourquoi pas moi ?) qui veut promouvoir ses œuvres. Ce que vous apprendrez ici peut s'appliquer à beaucoup de choses.

Bienvenue aux cours virtuels de mon Institut des Hautes Etudes de e-Commerce (HEeC), Ecole sociale de marketing.

LES RÉSEAUX SOCIAUX

Les réseaux sociaux

Les réseaux sociaux sont des systèmes disponibles sur internet et permettant de rester en contact avec ses relations et de partager avec eux les événements marquants de sa vie.

Le premier réseau social a été créé au sein de l'université d'Harvard en 2004 sous le nom de « The Facebook ». Le succès fut inattendu, rapide et mondial.

En 2006, c'est au tour de Twitter de voir le jour. Twitter est un système de microblogage destiné à envoyer des messages courts à l'ensemble de ses relations.

Le monde du travail a créé ses propres outils de réseaux sociaux professionnels, LinkedIn et Viadeo.

Ce sont ces outils que l'on rassemble communément sous l' « appellation de réseaux sociaux ».

Bien sûr, il existe d'autres réseaux sociaux. Certains d'entre eux, comme classmates.com (1995) ou trombi.com (2000), sont même plus anciens que Facebook. Mais mon propos n'est pas de les détailler tous.

Facebook

Facebook a été créé en 2004 par Mark Zuckerberg, un étudiant d'Harvard. Initialement destiné à permettre des échanges entre amis au sein de cette université, ce système a vite connu un succès national puis mondial.

Même si Facebook n'est pas le premier système de réseau social en ligne, c'est celui qui a popularisé ce concept.

En 2012, Facebook est entré en Bourse pour une valorisation de 104 milliards de dollars.

Facebook fait partie des « big four » d'internet en compagnie de Google, Apple et Amazon.

Les statistiques de mars 2013 donnent une estimation du nombre d'utilisateurs de Facebook (en chiffres arrondis) :
- ➤ 30 millions d'utilisateurs Facebook en France, soit les 2/3 des internautes français
- ➤ 1 000 000 000 d'utilisateurs Facebook dans le monde
- ➤ 1/3 des utilisateurs a moins de 25 ans
- ➤ 2/3 des utilisateurs ont moins de 35 ans
- ➤ La moitié des utilisateurs se connecte au moins une fois par jour
- ➤ La moitié des utilisateurs passe (en moyenne) plus d'une heure sur Facebook chaque jour
- ➤ Chaque utilisateur poste en moyenne environ 2 contenus par jour : article, photo, vidéo, mention « j'aime », etc.

La politique de Facebook veut qu'un utilisateur n'ait qu'un seul compte. Une adresse email ne permet donc qu'une inscription et un numéro de portable ne permet de certifier qu'un seul compte. Cependant, les professionnels du secteur ont la capacité de vous créer autant de contact fictifs que vous le souhaitez : ainsi, une grande entreprise qui crée sa page sur Facebook évite-t-elle de commencer par des scores ridiculement bas.

Selon les chiffres qui me sont parvenus, les 2/3 des « amis » des grandes sociétés françaises inscrites sur Facebook sont des comptes fictifs.

Sachant que ces comptes fictifs sont créés pour une utilisation limitée, ils gonflent les statistiques de Facebook. Le nombre de membres réels de Facebook devrait être 3 fois plus faible que les estimations officielles (2 à 5 fois plus faible selon les auteurs).

Les chiffres cités plus haut valorisent l'utilisateur Facebook à 100 dollars environ. Si on parle d'utilisateurs avérés, la valorisation passe à 300 dollars par utilisateur.

Twitter

Twitter, a été créé en 2006 par Jack Dorsey au sein d'une start-up de San Francisco. L'idée était de créer un miniblog bâti autour du téléphone mobile et d'internet. Les capacités du téléphone mobile étant encore plutôt limité, le système ainsi conçu permettait d'envoyer des messages courts (140 caractères) vers ses amis.

La simplicité du système et sa gratuité allaient faire son succès.

En décembre 2010 commençaient en Tunisie les événements qui allaient être connus sous le nom de « printemps arabe ». Cette révolution allait provoquer de nombreux bouleversements dans le régime et convaincre certains dirigeants qu'il était temps de laisser la place à de nouvelles formes de démocratie.

Evidemment, la résistance aux changements pouvait se manifester de manière très violente. Mais, pour la première fois dans l'histoire l'humanité, le monde pouvait suivre les événements quasiment en direct, sans aucune censure grâce aux messages diffusés sous Twitter. Le gazouillis du canari avait vaincu la dictature et sa répression.

Certains médias parlèrent de « révolution Twitter », de « révolution Facebook » ou de « révolution 2.0 », suggérant ainsi que les réseaux sociaux étaient le moteur de la révolution. Le rôle des réseaux sociaux, quoi que fondamental, fut plus modeste : ils rendirent impuissante la censure et empêchèrent la répression de s'appuyer sur la loi du silence.

En 2013, Twitter regroupe plus de 600 millions d'abonnés.

Les membres les plus actifs ont environ 40 millions d'abonnés.

LinkedIn

LinkedIn est un réseau social professionnel créé en 2003 à Mountain View (Californie) par Reid Hoffman et Allen Blue.

LinkedIn se veut un réseau de relations destiné à faciliter les échanges entre professionnels. Sa vision très spécialisée du réseau social fait qu'il n'entre pas en concurrence avec les réseaux sociaux Grand Public comme Facebook.

Le réseau LinkedIn s'appuie sur une version spécifique par pays. La version française a été déployée en 2011.

Le modèle économique de LinkedIn repose sur
> La publicité
> Les abonnements
> Les services de recrutement.

LinkedIn fonctionne sur les principes :
> de la connexion (pour entrer en contact avec un professionnel, il faut le connaître auparavant ou qu'une de nos connexions intervienne)
> du réseautage (mise en relation professionnelle).

Il existe 3 degrés de connexion :

- ➤ le *premier degré* : nos contacts directs
- ➤ le *deuxième degré* : les contacts de nos contacts
- ➤ le *troisième degré* : les contacts de nos contacts de deuxième degré.

Etendre son réseau LinkedIn, c'est transformer ses contacts indirects en contacts directs.

Seuls les membres ayant un abonnement payant peuvent entrer en contact avec des membres qui ne font pas encore partie de leur réseau.

Les nouveaux membres peuvent aussi entrer librement en contact avec d'autres membres afin d'initialiser leur réseau. Cette facilité disparait à partir d'un certain seuil pour encourager la prise d'abonnement.

LinkedIn met à la disposition de ses membres la possibilité de créer des groupes regroupant des membres ayant les mêmes centres d'intérêts professionnels.

En 2013, LinkedIn regroupe plus de 200 millions d'utilisateurs

Entré en bourse en 2011, LinkedIn a été valorisé à 9 milliards de dollars.

Ceci valorise l'utilisateur LinkedIn à environ 50 dollars.

Viadeo

Viadeo est un réseau social professionnel créé en 2004 en France par Dan Serfaty et Thierry Lunati.

Créé sous le nom de Viaduc, il a été renommé Viadeo en 2006 et s'est internationalisé grâce à une politique d'acquisitions externes.

L'expansion de Viadeo l'a conduit aux Etats-Unis. C'est ainsi que LinkedIn a ouvert un bureau à Paris début 2011, en réponse à l'ouverture du bureau de Viadeo à San Francisco.

Le fonctionnement de Viadeo tourne autour de :
- ➢ La création et la gestion de son profil professionnel.
- ➢ La création et la gestion de son réseau.
- ➢ Le référencement sur les moteurs de recherche.

Viadeo permet à ses membres d'entrer assez librement en relation les uns avec les autres, et facilite la libre extension de son réseau professionnel Viadeo, même sans abonnement.

Viadeo met à la disposition de ses membres la possibilité de créer des groupes rassemblant des membres ayant les mêmes centres d'intérêts professionnels.

Initialement appelés « hub », ces groupes sont désormais appelés « groupes » comme dans LinkedIn.

Viadeo met aussi à disposition de ses membres des espaces privatifs. Initialement appelés « Communautés », ces espaces sont désormais appelés « groupes » eux aussi.

Viadeo met également à disposition de ses membres une fonction collaborative d'expertise permettant aux membres de trouver des réponses à leurs questions professionnelles.

En 2013, Viadeo regroupe plus de 50 millions d'utilisateurs

JE M'INSCRIS SUR FACEBOOK

Ça y est, je me suis décidé. Il faut que je sois sur Facebook !

Comme je sais taper le mot « Facebook » sur internet, je finis par accéder à la page d'accueil de Facebook.

Figure 1 : accueil

Fantastique. Si je suis inscrit, je pourrai retourner dans Facebook. Et s'inscrire a l'air facile. Allons-y.

Inscrivez-vous sur Facebook

Inscrivez-vous sur Facebook pour **communiquer avec vos amis, partager des photos** et **créer votre propre profil**.

Prénom :	Elrond
Nom de famille :	de Fondcombe
Votre adresse électronique :	elrond@orange.fr
Saisissez à nouveau votre adresse électronique :	elrond@orange.fr
Nouveau mot de passe :	••••••••
Je suis :	Homme ⌄
Anniversaire :	Jour : ⌄ Mois : ⌄ Année : ⌄

Pourquoi dois-je indiquer ma date de naissance ?

En cliquant sur Inscription, vous acceptez nos Conditions et reconnaissez avoir lu et comprendre notre Politique d'utilisation des données, y compris Utilisation des cookies.

Continuer

Figure 2 : inscription – étape 0

Mon mail et mon mot de passe, et hop c'est parti !

Comme d'habitude, je ne lis pas les Conditions d'utilisation, je ne consulte pas la Politique d'utilisation des données de Facebook et je me contrefous de savoir quelle confidentialité il y a derrière tout ça : j'accepte les yeux fermés parce que je veux y aller.

Bonne idée : ce que je poste sur Facebook ne m'appartient plus, ce que l'on poste à mon sujet, je ne peux pas l'effacer, si je n'ai pas le comportement prévu par Facebook je me fais virer, et seul Facebook est juge de ce qui est correct…

Continuons…

Facebook m'invite à lui ouvrir mon carnet d'adresses pour prévenir tous mes amis que je suis sur Facebook et les inviter à me rejoindre. C'est gentil ! monsieur Facebook a pensé à tout !

Figure 3 : inscription – étape 1

Moi, personnellement, je préfère faire moi-même le tri et choisir qui je vais inviter à me suivre sur Facebook : pourquoi mélangerais-je mes relations professionnelles, mes relations familiales et mes cercles d'amis. Surtout si je veux utiliser Facebook comme outil de promotion de mes œuvres.

Tiens, peut-être faudra-t-il que j'ai plusieurs comptes Facebook pour ne pas mélanger ? Nous y reviendrons.

En tout cas, j'accepte allègrement l'invitation à ignorer cette étape.

Mon profil ! Etudes, université, employeur ?

Étape 1	Étape 2	Étape 3
Retrouvez vos amis	Informations du profil	Photo du profil

Remplissez votre profil
Cette information vous aidera à retrouver vos amis sur Facebook.

Collège/lycée :	
Université :	
Employeur :	

◀ Préc.　　　　　　　　　　　　　　　　　Ignorer · **Enregistrer et continuer**

Figure 4 : inscription – étape 2

Mouais, ça ne coûte rien, mais est-ce utile ?

Ça sert à ceux qui me trouvent sur Facebook pour s'assurer que ce n'est pas un homonyme. Facebook utilise parfois ces informations pour me proposer des amis que je connais peut être.

Bon, ça ne mange pas de pain. Je pourrai toujours corriger ou compléter plus tard...

L'étape suivante, c'est ma photo !

Bien sûr, ce n'est pas obligatoire.

Très vite, les Facebookiens s'aperçoivent que l'absence de photo est un manque.

Pour l'instant, comme je suis quelqu'un de très discret, je choisis une photo qui représente ce que je suis plutôt qu'une photo de moi. Je pourrai modifier cette photo ultérieurement.

Étape 1
Retrouvez vos amis

Étape 2
Informations du profil

Étape 3
Photo du profil

Choisissez l'image de votre profil

télécharger une photo
À partir de votre ordinateur

– ou –

Prendre une photo
Avec votre webcam

Supprimer la photo

‹ Préc.

Enregistrer et continuer

Figure 5 : inscription – étape 3

J'espère que vous appréciez ma bouille ! La moue du King Charles pour illustrer le regard dubitatif et blasé que je vais porter sur toutes ces passionnantes discussions ! Non, je rigole. N'empêche que j'aime bien ma photo (pour l'instant).

Et voilà, je valide. Mon inscription est terminée et je me retrouve pour la première fois sur Facebook.

Et chaque fois que je reviendrai sur Facebook, je me retrouverai sur cette page d'accueil ! Fantastique.

Précaution, je note bien l'email que j'ai utilisé et le mot de passe.

Bien sûr, je finirais par repérer la case « Garder ma session active ». En la cochant, on ne me demandera plus de m'identifier, mais tôt ou tard un ordinateur fait des siennes, donc soyons prudent.

MES PREMIERS PAS SUR FACEBOOK

Je reviens sur Facebook

Lorsque l'on est fraîchement inscrit sur Facebook ou que l'on a renseigné peu d'informations personnelles, Facebook vous propose de compléter vos informations de sécurité.

Figure 6 : l'accueil du néophyte

C'est très gentil de la part de Facebook. Cela vous permettra de retrouver les codes d'accès que vous auriez pu perdre.

Cela permet aussi à Facebook de mieux vous identifier. Ces informations lui permettent de mieux détecter ceux qui ont l'audace d'ouvrir plusieurs comptes et donc de faire respecter sa règlementation en interdisant l'accès à ces comptes multiples.

En particulier, entrer votre numéro de portable, c'est offrir à Facebook un identifiant que vous ne pourrez utiliser plusieurs fois. C'est important à retenir si vous voulez utiliser des fonctionnalités avancées que Facebook réserve à ses clients complètement identifiés.

La page Facebook

Au début, Facebook vous aiguille vers une page d'accueil pour néophytes et vous propose :
> D'inviter vos amis en utilisant votre carnet d'adresse,
> De choisir vos paramètres de confidentialité,
> D'inviter des « amis que vous connaissez peut-être ».

Mais une fois que vous avez quelques amis, Facebook vous aiguille directement vers la page d'accueil. Découvrons-la ensemble.

La barre d'accueil

Elle est située en haut à droite de la page Facebook.

Figure 7 : barre d'accueil

Les icônes et les textes servent de boutons pour vous aiguiller vers diverses fonctionnalités.

 Paramètres
En cliquant sur cette icône, vous avez accès à tous les paramètres qui vous permettront de personnaliser votre compte Facebook :

- Publicité (pour insérer une publicité payante)
- Compte (pour consulter et personnaliser son compte)
- Confidentialité (pour personnaliser les paramètres de confidentialité)
- Déconnexion (pour se déconnecter de Facebook)
- Aide (pour accéder à l'aide en ligne)

Confidentialité
Raccourci vers les éléments de confidentialité accessibles par l'icône Paramètres.

Accueil
En cliquant sur « Accueil », vous retournez à la page d'accueil (ça tombe bien, vous y êtes déjà)

Retrouver des Amis
Et Facebook vous demandera de nouveau accès à votre carnet d'adresse pour inviter tous vos amis. Décidément, vos nombreux contacts intéressent Facebook !

Mon nom (précédé de ma photo)
En cliquant sur votre nom, vous accédez à votre journal Facebook.

La barre de notifications

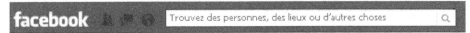

Figure 8 : barre de notifications

Elle est située en haut à gauche de la page Facebook.

Les icônes servent de boutons pour vous aiguiller vers diverses fonctionnalités.

Notifications

Facebook vous informe de toutes les choses passionnantes et relatives à vous qui ont pu avoir lieu : vous avez un nouvel ami, un de vos amis a publié, un de vos amis a ajouté une photo, quelqu'un vous a reconnu sur une photo, etc.

La plupart du temps, ces notifications sont sans intérêt.

Un nombre en rouge indique le nombre de notifications.

En cliquant sur cette icône, vous faites apparaître toutes les notifications (et vous faites disparaître le nombre en rouge). En cliquant une deuxième fois, vous fermez la fenêtre de notifications.

Boîte de réception

Facebook vous informe de tous les messages qui vous ont été envoyés.

A moins d'utiliser Facebook comme messagerie instantanée, la plupart de ces notifications sont sans intérêt.

Un nombre en rouge indique le nombre de messages.

En cliquant sur cette icône, vous faites apparaître tous les messages (et vous faites disparaître le nombre en rouge). En cliquant une deuxième fois, vous fermez la boîte de réception.

Demandes d'ajout à la liste d'amis

Facebook vous informe de tous les demandes d'ajout à la liste d'amis qui vous ont été envoyés.

Un nombre en rouge indique le nombre de demandes.

En cliquant sur cette icône, vous faites apparaître toutes les demandes (et vous faites disparaître le nombre en rouge). En cliquant une deuxième fois, vous fermez la fenêtre correspondante.

Une fois la fenêtre ouverte, il suffit de cliquer sur « confirmer » pour accepter l'invitation : vous compter un nouvel ami Facebook.

Facebook en profite pour vous suggérer des tas d'amis : si vous cliquez sur « Ajouter », la personne concernée recevra une invitation à confirmer. Mais nous verrons plus loin comment se faire des amis.

Q Recherche
Vous indiquez dans la zone de recherche tout ou partie
du nom de quelqu'un, puis vous cliquez sur la loupe et
Facebook vous indiquera qui correspond à cette
recherche. Nous verrons cela en détail plus loin.

Le journal

Le journal contient tout ce qui vous concerne. Sa présentation évolue
parfois, mais le contenu reste assez stable.

Vous y accédez en cliquant sur votre nom.

Les utilisateurs Facebook y accèdent eux aussi en cliquant sur votre
nom. Ils ont accès à toutes les informations que vous n'avez pas
jugées confidentielles.

Le journal est un moyen de communiquer des informations à
l'ensemble de vos contacts. C'est aussi le moyen qu'utilisent certains
spammeurs pour en faire autant…

En résumé, le journal, c'est fait pour parler de vous.

Les fonctionnalités du journal

Le journal propose un certain nombre de zones où l'on peut retrouver
l'ensemble des événements et informations que l'on souhaite
communiquer.

La partie visible du journal dépend des choix de confidentialité que
vous avez sélectionnés.

| Journal | À propos | Photos | Amis 4244 | Plus ▼ |

Figure 9 : barre du journal

➢ Photos

Pour voir vos photos, en ajouter, les organiser par albums, etc.

➢ Amis
Pour voir vos amis (avec la photo du profil !)
Le nombre qui apparait vous donne le nombre d'amis (limité à 5 000).
La petite icône à côté de chaque ami vous permet en particulier de mettre fin à cette merveilleuse amitié si nécessaire.

➢ Plus
Raccourcis vers certaines des commandes précédentes

La page d'accueil

C'est la page principale pour interagir avec les nombreux membres de Facebook.

Cette page propose plusieurs zones avec un certain nombre de fonctionnalités

La partie centrale est votre fil d'actualité : le journal de ce qui se passe sur Facebook. Vous y trouvez dans l'ordre chronologique toutes les publications récentes de vos amis Facebook. C'est riche et varié. Si vous avez beaucoup d'amis, leur prose sera abondante. Si vous avez mal choisi vos amis, vous pouvez y voir des messages qui peuvent vous déplaire, mais si vous n'aimez pas leur prose, il suffit de les supprimer de votre liste d'amis... Bref : cette partie, c'est ce que vous voyez du monde Facebook, pas ce que l'on voit de vous.

La partie droite, ce sont les invitations diverses et variées de Facebook. Invitations à jouer, pages de publicité, suggestions d'amis, suggestions de nouveaux membres dans vos groupes.

facebook

Elrond de Fondcombe
Modifier le profil

Favoris

Bienvenue

Fil d'actualité

Messages

Évènements

Photos

Retrouver des amis

Applications

Espace Applications

Fil de jeux

Musique

Articles

Liens

Pokes

Pages

Actualité des pages

Pages que vous pourriez ai...

Amis

Amis proches

Famille

Dans la partie gauche, vous allez trouver ce qui vous intéresse plus directement :

> Vos applications si vous avez activé des applications sur Facebook (des jeux par exemple).
> Vos pages, c'est-à-dire les pages qui vous intéressent.
> Vos groupes, c'est-à-dire les groupes que vous avez rejoints.
> Vos amis

Chacun de ces blocs liste ce que vous avez consulté récemment pour vous permettre d'y accéder de nouveau.

Si vous avez de nombreux groupes ou de nombreux amis, il suffit de promener votre souris à la droite du mot « groupes » ou « amis » et une petite flèche apparaît : cliquez dessus et vous aurez l'ensemble des choix possibles de ce thème.

Bon, tout cela n'était qu'une présentation succincte de Facebook. Il faut s'exercer pour découvrir les nombreuses possibilités qui s'offrent à vous.

Bien sûr, quand vous commencerez à être familiarisé avec tous ces choix, vous aurez la joie de profiter d'une nouvelle interface…

Et plus vous utiliserez Facebook, plus vous recevrez de mails vous annonçant que vous avez reçu des informations qui ne vous intéressent pas : heureusement, le paramétrage vous permet de diminuer le nombre de notifications !

MON RÉSEAU D'AMIS

Ça y est, vous êtes devenu un pro de Facebook. Il est temps de passer aux choses sérieuses.

Rappelons-nous : nous nous sommes inscrits sur Facebook pour promouvoir nos activités. Ce n'est pas avec un journal plutôt vide et une poignée d'amis que l'on touchera les dizaines de milliers d'accros dont nous rêvons !

Se faire des amis Facebook

Dès les premiers amis, Facebook cesse de vous réclamer l'ajout de contacts de votre carnet d'adresses.

Pour se faire des amis Facebook, toutes les méthodes sont bonnes. Mais le choix de vos premiers amis a une grande influence sur ceux que Facebook va vous proposer d'inviter comme amis.

Commencez par inviter quelques proches. S'ils sont sur Facebook, ils accepteront facilement votre invitation. Idéalement, il faut une vingtaine d'amis pour que des personnes moins proches acceptent vos invitations.

Ensuite, familiarisez-vous avec Facebook. Vous serez plus efficace.

La barre d'accueil comporte une zone de recherche. Utilisez-la pour chercher des gens qui vous intéressent ou des groupes qui correspondent à vos centres d'intérêt. Profitez-en pour vous inscrire à quelques groupes bien choisis. Souvent votre demande devra être approuvée par un administrateur du groupe.

Vous trouvez sur Facebook des personnes que vous connaissez ou dont le profil vous intéresse ? Invitez-les à devenir vos amis.

Ensuite, il faudra étendre ce premier noyau. Regardez donc les contacts de vos amis Facebook. Parmi eux, vous trouverez d'autres personnes intéressantes à inviter.

Regardez également le contenu des groupes que vous avez rejoints : vous pouvez inviter ceux qui y postent des messages. Vous pouvez également cliquer sur « membres » et inviter les membres qui vous semblent intéressants.

Ainsi, vous passerez de quelques amis à quelques centaines d'amis. Et plus vous aurez d'amis, plus vos invitations seront acceptées facilement.

Sur le côté droit de votre page, Facebook vous propose également d'ajouter à vos amis des personnes que vous connaissez peut-être.

Figure 10 : vous connaissez peut-être

En cliquant sur « ajouter », une invitation à vous rejoindre leur est envoyée.

Ces propositions de Facebook sont basées sur les amis en communs ou les centres d'intérêts communs, notamment les groupes.

En haut à gauche de la barre d'accueil, l'icône vous indique les personnes qui ont demandé à faire partie de vos amis Facebook. Plus vous aurez d'amis, plus vous aurez de demandes ! Il suffit de cliquer sur « confirmer » pour accepter.

Dans la même liste déroulante, Facebook vous propose aussi des amis : il suffit de cliquer sur « ajouter » pour les inviter .

Quand vous ajoutez des amis, c'est une invitation que vous envoyez. La personne qui recevra le message doit cliquer sur confirmer pour que l'invitation soit acceptée . Il peut plus tard rompre ce lien d'amitié quand il le souhaite. Vous aussi.

N'invitez pas trop d'amis à la fois. Facebook vous rappellera que vous ne pouvez inviter que des personnes que vous connaissez déjà.

Si vous continuez à inviter trop d'inconnus, Facebook vous interdira d'inviter de nouveaux amis pendant 1 jour, puis pendant 3 jours, puis pendant 14 jours, puis pendant 1 mois.

Autant utiliser les invitations avec mesure pour éviter ces suspensions.

Au-delà, plus vous êtes suspendus souvent, plus la suspension vient vite !

Mais comment Facebook sait-il que vous avez tenté d'inviter des inconnus ? Quand la personne invité confirme ou refuse une invitation, Facebook demande « connaissez-vous cette personne ? OUI/NON »

Evidemment, c'est assez hypocrite : si on n'invitait que des personnes qu'on connait, on n'utiliserait probablement pas Facebook...

La conséquence, c'est qu'il faut du temps pour se faire un grand réseau d'amis !

Parfois, vous recevrez cette réponse de Facebook :

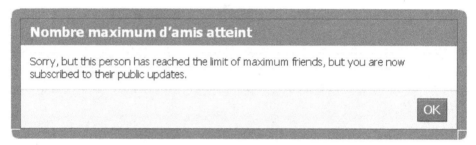

Figure 11 : nombre maximum d'amis atteint

La personne que vous avez invitée a déjà 5 000 amis. Elle ne pourra pas vous accepter.

Quand vous atteindrez vous aussi cette limite, il sera temps de faire un peu le tri : par exemple enlever de vos amis les inconnus qui ont peu d'amis pour laisser la place à des personnes plus intéressantes.

Evidemment, sur Facebook, il y a des spammeurs. Tant que vous n'avez pas 5 000 amis, ils ne gênent pas vraiment et gonflent un peu votre notoriété.

Quant vous aurez 5 000 amis, vous aurez appris à les reconnaître et à les supprimer facilement.

Pour les supprimer de votre liste d'amis, cliquez sur votre nom pour accéder à votre journal, cliquez sur « amis » et taper le nom que vous recherchez. Vous aurez ainsi accès à la fonction de suppression.

Il y a quelques types de spammeurs que j'ai pris l'habitude de supprimer.

D'abord, ceux qui publient dans mes groupes des messages proposant des prêts d'argent. En réalité, ces messages cachent des escrocs spécialisés dans la grande escroquerie. Ils utilisent de faux pseudos et en changent très souvent. Personnellement, je supprime leurs messages (dans mon journal et dans mes groupes), je les exclus de mes groupes et de mes amis.

Ensuite, il y a les « contacts de charme ». De fort jolies filles qui veulent devenir vos amies. Je suis toujours flatté de la séduction que j'ai sur Facebook ! Il faut savoir que ce sont de faux pseudos, que ce ne sont pas forcément des filles qui se cachent derrière ces pseudos féminins, et que les échanges que vous pourrez avoir avec ces contacts seront utilisés par la suite pour vous escroquer (tu m'envoies tant ou je balance nos échanges sur ton journal…). Quand un homme marié rêve un peu sur Facebook, il a plus de chances de se faire escroquer que de tomber sur la créature de ses rêves. La plupart de ces contacts sont situés dans des pays africains et ce sont toujours les mêmes photos sur un grand nombre de pseudonymes… Une jolie femme avec peu d'amis qui m'invite sur Facebook ? J'ai pris l'habitude de les exclure. Les vraies jolies femmes qui m'invitent sur Facebook me pardonneront.

Quand on est occupé sur Facebook, on finit par recevoir plein de messages de gens qui souhaitent vous parler. A part les amis proches, il y a peu de chances qu'un inconnu ait des choses à vous dire. Curieusement, les expéditeurs de ces messages sont des jolies filles ou des personnes résidant en Afrique. Il y a bien peu de chances que ce soit intéressant. Comme le nom s'inscrit en haut de la boîte de dialogue, il suffit de cliquer sur le nom, et la page de la personne concernée s'affiche. En cliquant sur le bouton « amis », on peut l'enlever de sa liste d'amis . Avec cette méthode, j'ai éliminé de mes amis Facebook beaucoup de contacts que je jugeais suspects, ce qui m'a permis de les remplacer par des personnes plus intéressantes.

Restent les politiques ou les personnes célèbres : ce sont souvent des faux comptes. Ou des comptes gérés par une tierce personne. Disons que ce sont au mieux des comptes destinés à diffuser la promotion de la personne concernée : celle-ci ne vous lira jamais ni ne vous répondra.

Facebook se méfie des robots

Facebook se méfie des robots qui pourraient créer des comptes et inviter des amis.

Si vous invitez plein d'amis ou que vous ajoutez plein d'amis à un groupe, Facebook va vous demander de ralentir et de valider votre compte en vous demandant de saisir un texte qu'un robot ne reconnaîtrait pas.

D'ailleurs, quand Facebook a commencé à vous faire ralentir, il le fait pratiquement à chaque commande. Il est temps de vous déconnecter et d'attendre le lendemain...

Facebook veut vous avertir

Vous avez invité trop d'amis. Facebook veut vous en avertir.

La méthode élégante est de vos déconnecter de force et de vous prier de vous reconnecter. Quand vous vous reconnectez, Facebook vous averti que vous êtes suspendu et ne pouvez plus envoyer d'invitations pendant x temps.

Facebook en profite pour vous donner une gentille leçon de déontologie (Oui, je sais que je ne dois pas inviter des personnes que je ne connais pas. Oui, je veux inviter des personnes que je connais en dehors de Facebook). Si vous ne cliquez pas sur les bonnes réponses, Facebook vous affichera un tutorial destiné à vous rappeler les règles sur Facebook...

Facebook vous protège

Parfois, Facebook vous propose de vous géolocaliser pour vous protéger.

Nous ne reconnaissons pas votre appareil. Veuillez répondre à quelques questions pour vous identifier.

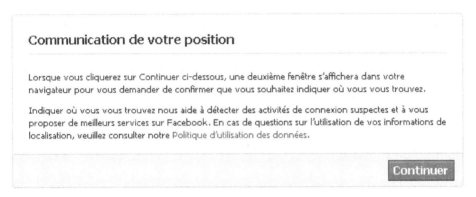

Figure 12 : communiquer sa position

Accepter la géolocalisation par Facebook est surement intéressant pour protéger votre compte Facebook. Comme ça, tout le monde pourra savoir où vous êtes grâce à Facebook. Cela a déjà été utilisé par des cambrioleurs malins ou des conjoints jaloux...

Personnellement, je déconseille...

Figure 13 : informations de localisation

Facebook veut mieux vous connaître

Facebook aime bien connaître votre numéro de téléphone mobile. Ainsi, il est bien plus facile de s'assurer que c'est bien vous avant de vous redonner votre mot de passe oublié.

Ça part d'un excellent sentiment !

Mais ça sert surtout à Facebook à s'assurer que vous n'avez qu'un seul compte.

Quand Facebook se rend compte que votre numéro de mobile a déjà été utilisé sur un autre compte, crac, le nouveau compte est suspendu !

Donc, si vous voulez créer un deuxième compte, ne donnez pas votre numéro de mobile.

Bien sûr, si vous venez de changer de numéro de mobile et qu'on vous a attribue un numéro ayant appartenu à quelqu'un qui était sur Facebook, je suis sûr que vous allez vous amuser comme un petit fou !

MES GROUPES

Créer un groupe

Bon vous avez un compte Facebook et plein d'amis. Il est temps de créer son groupe.

Rappelons nous que nous sommes allés sur Facebook pour promouvoir son activité (vendre ses livres par exemple).

Donc, nous allons commencer par créer un groupe

Sur la partie gauche de la page d'accueil, il y a liste des applications, amis, pages, groupes.

Ces listes ne sont pas exhaustives. Il suffit de poser votre souris à droite de l'un de ces titres pour faire apparaître le mot « plus » et accéder à la totalité des informations qui vous intéressent.

Figure 14 : plus de groupes

En dessous de la liste de vos groupes, il y a « ajouter un groupe ». Il suffit de cliquer dessus pour créer votre groupe.

Figure 15 : ajouter un groupe

Ensuite, il faut choisir un nom et inviter au moins une personne

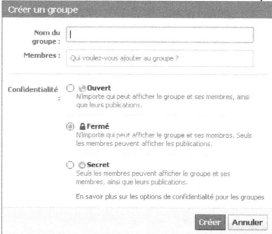

Je conseille de choisir « fermé » afin de maîtriser un tant soit peu la composition et le contenu du groupe.

Le choix du nom est important. C'est ainsi que les gens le trouveront et choisiront spontanément de le rejoindre.

Tous les paramétrages du groupe que vous ne feriez pas tout de suite peuvent être faits plus tard en vous rendant sur le groupe et en cliquant sur la petite roue dentée en haut à droite.

Le nom du groupe ne peut plus être changé !

Vous pouvez choisir une icône pour votre groupe

Vous pouvez donner une adresse au groupe. Celle-ci ne pourra plus être changée.

Vous pouvez donner une description du groupe. A chaque changement, la nouvelle description sera affichée dans le groupe.

Voilà, votre groupe est créé. Il n'y a plus qu'à le faire vivre.

Choisir les administrateurs

Vous avez créé le groupe, vous en êtes l'administrateur.

Dans le groupe, vous pouvez cliquer sur « membres » pour en consulter la liste des membres.

A côté de chaque nom, il y a une petite roue dentée. Cliquez dessus pour nommer d'autres administrateurs ou exclure des membres indésirables.

Les administrateurs ont tous les mêmes droits, y compris celui de virer les autres administrateurs...

Il y a des groupes Facebook dont les administrateurs ont tous quitté le groupe. N'importe qui peut alors demander à en devenir administrateur...

Ajouter ses amis

Dans les nouveaux groupes, Facebook propose sur le partie droite d'y ajouter ses amis. Clic, clic, clic, clic et on y ajoute assez vite ses amis.

Si vous en ajoutez trop d'un coup, Facebook va s'assurer que vous n'êtes pas un robot et se charger de vous ralentir. Alors, ajoutez vos milliers d'amis en plusieurs jours.

Evidemment, si vous avez plusieurs comptes, vous pouvez ajouter des amis à partir de chacun de ces comptes.

Ajouter des membres

Cliquez sur membres, puis sur ajouter. Une boite de dialogue s'ouvre.

Dans la boite de dialogue, tapez les premières lettres du nom d'un ami à ajouter, puis cliquez sur le nom de cet ami. Vous pouvez ainsi sélectionner jusqu'à 20 amis à ajouter d'un coup. C'est la méthode la plus rapide.

Evidemment, vous ne pouvez ajouter des amis déjà membres du groupe. Vous ne pouvez pas non plus ajouter des personnes ayant déjà quitté le groupe : Facebook ne demande pas leur avis aux personnes que vous ajoutez, mais elles peuvent facilement quitter le groupe et vous ne pouvez pas ne pas respecter leur décision.

De cette manière, vous ajoutez assez rapidement tous vos amis. S'il y en a des milliers, cela prendra tout de même un certain temps.

Quand vous avez peu d'amis, il suffit de taper la première lettre du nom pour avoir une liste d'amis à ajouter. Taper successivement les 26 lettres de l'alphabet est assez rapide.

Une fois les premiers amis inscrits au groupe, vous vous apercevrez que Facebook vous propose seulement le début de la liste en vous précisant ceux qui sont déjà membres. La liste de ceux qui sont membres peut cacher la liste de ceux qui ne le sont pas et que vous aimeriez inviter.

Alors, il suffira de taper les deux premières lettres pour que les propositions de Facebook soient plus riches.

Au bout de quelques milliers d'amis, il faudra ruser : taper les 3 premières lettres, taper les prénoms courants etc.

Au fur et à mesure que vous aurez de nouveaux amis, vous pourrez les ajouter à vos groupes.

Incitez de temps en temps les membres de vos groupes à rejoindre vos amis et à inscrire leurs amis dans vos groupes. C'est ainsi que vous accroîtrez progressivement vos contacts.

Animer ses groupes

Après, il faut animer son groupe. Donc y poster des messages intéressants en rapport avec la description du groupe.

Des messages, des réponses, parfois des polémiques : le groupe doit avoir un bruit de fond qui attire les membres et les incite à lire le contenu.

Au fur et à mesure, les autres membres publieront à leur tour et le groupe aura une existence propre. Votre espace de notoriété sera enfin créé.

A vous pour ajouter de temps à autre les messages permettant de promouvoir votre activité : c'est bien pour ça que vous avez créé ce groupe ! Mais faites-le avec mesure pour ne pas faire fuir votre public.

Parmi vos messages, vous pouvez en choisir un que vous allez ancrer en tête de page. Seul un administrateur peut faire ça. C'est le bon moyen de rappeler en permanence que le groupe est aussi consacré à vos activités. Pour cela, mettez la souris à la droite de votre message et cliquez sur la petite flèche qui apparait, puis sélectionnez « ancrer le message »

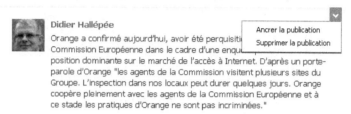

Figure 16 : ancrer une publication

Modérer ses groupes

Il y a tout de même un peu de travail.

D'abord, sur la partie droite de la page d'affichage du groupe, il y a la liste des personnes ayant demandé à rejoindre le groupe. Cliquez sur la case à cocher à côté du nom pour approuver.

Ensuite, il y a les messages intempestifs (publicités, spams, etc.). Ils finissent pas décourager certains membres. Je conseille de les enlever au fur et à mesure

Paul G

Vous êtes à la recherche d'un prêt particulier de n'importe quel montant , vous êtes un particulier ou société , je peux vous accordez ce prêt très rapidement. merci de me contacter sur le mail suivant pour avoir plus de renseignement

Email: @gmail.com

J'aime · Commenter · Suivre la publication · Partager · il y a 4 heures

Figure 17 : utilisateur indésirable

Pour effacer le message, mettre la souris sur le côté droit du message et cliquer sur le petite flèche qui apparait.

Figure 18 : bannir un utilisateur indésirable

Pour les messages hors sujet ou les messages en double, supprimez la publication.

Pour les spams et les escrocs, je conseille de supprimer la publication et retirer (ou bannir) l'utilisateur. Bannir est proposé à la place de supprimer lorsque l'utilisateur a déjà été supprimé.

Souvent, les escrocs au prêt d'argent postent plusieurs dizaines de messages d'un coup. Il faut les supprimer un par un…

Certains postent aussi leurs spams comme commentaires d'autres messages. Pour supprimer les commentaires, même méthode.

Enfin, il y a les messages qui sont agressifs, polémiques, de mauvais ton, grossiers, etc. A vous de choisir si vous laissez faire ou si vous supprimez. A l'expérience, il vaut mieux supprimer car les personnes concernées n'apportent rien de constructif au groupe, Bien au contraire ils peuvent décourager des personnes intéressantes.

53

A mon tour de « spammer »

Evidemment, vous pouvez ne pas vous contenter de vos groupes et de votre journal pour faire passer vos messages. Vous pouvez publier sur plein d'autres groupes.

C'est donc vous qui allez spammer !

Dites-vous bien que vous allez être traité comme vous traitez les spammeurs. Donc si vous voulez que votre message passe, publiez avec raison.

Ne diffusez pas en masse vos pubs : elles seront aussitôt effacées (et vous serez peut-être banni).

Ne diffusez que dans des groupes ayant un rapport (même lointain) avec votre message.

Publiez vos pubs avec parcimonie. Entre temps, publiez des messages de fond pour montrer que vous apportez quelque chose au groupe : vos pubs seront alors aisément pardonnées.

Vous pouvez également publier en ajoutant en bas de votre message le lien vers votre groupe pour en faire la promotion. Dans ce cas Facebook vous freinera plus rapidement quand votre groupe est inférieur à 5000 membres ou quand vous publiez sur des groupes supérieurs à 5000 membres, alors l'astuce consiste à enlever le lien sous forme de texte quand l'image de votre groupe apparaît en bas de votre message (petite temporisation) et alors fini le frein.

CONCLUSION

Nombre d'amis

A partir de 500 amis, vous faites partie du sérail.
A partir de 1 000 amis, vous êtes une référence.
A partir de 2 000 amis, vous êtes un pilier de Facebook.
Vers 5 000 amis vous n'avez plus rien à envier à personne, ou presque.

Notez que les grandes entreprises achètent des amis et des « j'aime » lorsqu'elles ouvrent leurs pages sur Facebook... Sur les pages des grandes entreprises, on estime à 66% le nombre de faux profils parmi les amis.

J'ai mis à peu près un an pour atteindre 1 000 amis (à partir de rien) et environ 2 ans pour arriver à 5 000.

Nombre de membres du groupe

A partir de 500 membres, le groupe a acquis son premier niveau de notoriété.
A partir de 1 000 membres, le groupe a sa maturité.
A partir de 2 000 membres, le groupe est un groupe qui compte.
A partir de 5 000 membres, le groupe est un leader d'opinion et Facebook devient plus permissif avec vos spams.
A partir de 10 000 membres, le groupe est un pilier de Facebook.

A titre de comparaison, les groupes du parti socialiste ou du Canard Enchaîné comptent 6 000 membres.

Quand le groupe Consommateur & Citoyen a approché les 5 000 membres, les renseignements généraux sont venus voir le Président de cette association pour savoir qui était derrière ce groupe...

Il y a des groupes qui ont 50 000 membres, à noter que la France est peu grégaire en la matière et que certains groupes africains comptent facilement 30000 membres et dépassent 100000 en Amérique du nord ou en Asie.

J'ai mis à peu près un an pour atteindre 2 000 membres pour mes premiers groupes et environ 2 ans pour arriver à 10 000. D'ailleurs après un délai d'observation, certains membres de votre groupe peuvent vous aider à le promouvoir.

C'est un gros travail

Finalement, créer son réseau d'amis et animer ses groupes, c'est un gros travail et ça ne se fait pas tout seul.

Mais une fois atteint un minimum d'audience, c'est un moyen de faire passer ses messages.

Finalement, est-ce efficace ?

C'est assez difficile d'apprécier l'efficacité réelle de tout cela. Une fois enlevés les faux profils, les profils dormants et les messages qui partent à la poubelle sans être lus, les chiffres peuvent être plus modestes.

N'empêche que l'on arrive à faire passer ses messages grâce à Facebook.

Cela fait-il vendre ? Un message de temps en temps, cela a peu d'efficacité. Le matraquage intensif est également assez inefficace. Mais une animation régulière finit par avoir une certaine efficacité.

Un truc : si le message a attiré l'attention, celle-ci va retomber rapidement : mettez un lien dans le message pour profiter au bon moment de l'intérêt suscité, ou en commentaire si vous voyez qu'il est aimé par les lecteurs.

Les messages sont volatils

De nombreux amis, de nombreux membres dans vos groupes : les messages se succèdent et sont finalement très rapidement oubliés et difficiles à retrouver dans le masse.

Mon conseil : ouvrez également un blog et mettez-y les messages les plus intéressants. Ce blog servira de mémoire pour vos discours. Et surtout, il sera référencé sur Google, contrairement à ce que vous écrivez sur Facebook !

Twitter

Twitter vous permet lui-aussi de vous créer un réseau. Ce sont les messages que vos amis font suivre qui inciteront d'autres personnes à rejoindre votre réseau Twitter.

Ce qui veut dire : envoyez de nombreux messages intéressants ! Sinon, inutile d'être sur Twitter.

Mon conseil : jumelez votre compte twitter avec votre compte Facebook : vos twitts auront une meilleure audience.

D'ailleurs, rejoignez un de mes comptes twitter : @dhallepee et @fondcombe.

ANNEXE : L'ÉDITION NUMÉRIQUE

Vous avez écrit votre livre et vous voulez le publier.

Evidemment, il y a l'édition traditionnelle : on envoie son manuscrit à un éditeur qui bondit de joie devant l'œuvre du siècle, et en route vers le best seller…

Malheureusement ce n'est pas si simple. Un grand éditeur reçoit des dizaines de manuscrits chaque jour. Il y a peu de chance que votre excellente œuvre soit remarquée à ce stade.

D'ailleurs, un gros éditeur, c'est avant tout une affaire commerciale : l'essentiel, c'est de vendre ! Aussi, il est beaucoup plus facile de publier des livres écrits par des personnes connues (hommes politiques, journalistes, people) ou par des « prescripteurs » (livres techniques écrits par des personnes bien en place dans le circuit des futurs lecteurs).

Bref, jeune auteur inconnu, vous vous rendez vite compte que, malgré votre talent, le monde des grands éditeurs n'est pas à votre portée.

Vous pouvez éditer à compte d'auteur : vous faites tout vous-même, de la fabrication (en choisissant bien vos sous-traitants) à la diffusion, en assumant seul les frais et les profits.

Vous pouvez éditer à compte d'éditeur en passant par un petit éditeur. C'est l'éditeur qui fera tout. Mais vous vous apercevrez vite que votre livre doit être déjà prêt à imprimer (à vous donc de faire l'essentiel du boulot), que la diffusion est un gros problème chez les petits éditeurs (vous ferez donc la promotion vous-même), que les droits appartiennent désormais à l'éditeur, et généralement celui-ci vous demande de financer le premier tirage.

Vous pouvez aussi éditer en auto-édition : en partenariat avec un éditeur spécialisé, vous publiez votre livre. Vous financez mais vous vous appuyez sur un professionnel pour produire et diffuser votre œuvre et vous restez propriétaire de vos droits.

Bref, dans les 3 cas, on en revient au même point : vous financez et vous assurez la promotion et la diffusion...

Il existe d'ailleurs des maisons spécialisées sur internet qui vous publieront à vos frais de manière quasi industrielle. Nombre moyen de ventes : 6,5 exemplaires...

Donc, à moins d'avoir beaucoup d'amis ou d'être un petit génie de la promotion, ce n'est pas l'édition papier qui fera de vous le millionnaire de l'année.

Alors, pourquoi ne pas se tourner vers l'édition numérique ? Les contraintes ont l'air d'être plus à la portée de tous.

La première chose, bien sûr, est d'avoir réussi la mise en forme de son manuscrit, couverture et 4ème de couverture comprises.

Il vous faut aussi ajouter un ISBN[1] (obligatoire chez Apple et Google). Vous trouverez sur Internet le moyen d'obtenir un ISBN gratuit et de l'éditer.

Ne vous faites pas d'illusion : vous avez peu de chances de vendre vos livres numériques en dehors d'Apple, Google et Amazon.

Mais chacun de ces géants souhaite se tailler la part du lion, au détriment de ses concurrents...

_____

[1] *C'est le code à barres qui figure sur la couverture.*

Amazon

Rendez-vous sur Kindle, la marque d'édition numérique d'Amazon : kdp.amazon.com.

Créez votre compte, puis ajoutez votre livre en remplissant soigneusement toutes les rubriques.

Kindle fait automatiquement la mise à son format à partir des formats .doc ou .pdf. Il semble que le .doc soit mieux traité.

Amazon vous reverse 70% du prix de vente. A condition que votre prix de vente soit entre 3 et 9,99 dollars (ou l'équivalent en monnaie locale). Sinon, Amazon ne vous reverse que 35%.

Le programme KDP Select permet de prêter les livres numériques dont vous êtes l'auteur. Vous touchez alors un peu d'argent sur ces prêts. En échange, vous assurez l'exclusivité à Amazon pendant 3 mois…

Le gros avantage de Kindle, c'est que vos livres numériques sont référencés sur Amazon.

Google

Le service Google Livres vous permet de télécharger vos œuvres chez Google. Ces œuvres seront entièrement indexées par Google et seront ainsi plus faciles à trouver par les internautes. Google met aussi les liens permettant de trouver l'œuvre et les prix de vente pratiqués.

Google livres vous permet aussi de mettre en vente la version numérique de votre œuvre.

Accessible via http://books.google.com/partner

Notez que Google surveille ce qui se fait sur le net et aligne les prix de Google Livres sur les prix les plus bas pratiqués sur le net (en particulier chez Amazon et Apple).

Apple

L'Apple store, c'est le rêve. On imagine les nombreux lecteurs achetant votre dernière œuvre sur l'Apple Store via leur téléphone portable. Dans la réalité, les gens n'achètent pas autant de livres numériques que dans vos rêves…

Apple ne publiera vos livres numériques que si vous êtes en règle aves le trésor américain. Ils vous faut donc demander un EIN (l'équivalent du numéro de Siret que les entreprises françaises demandent aux impôts lors de leur création). Pour obtenir cet EIN, rendez vous sur le site de l'IRS http://www.irs.gov, recherchez fss4 (le nom du formulaire magique), remplissez le formulaire et validez-le. Quelques semaines plus tard, vous aurez le précieux sésame.

Ensuite, créez votre compte revendeur sur itunes : https://itunesconnect.apple.com/WebObjects/iTunesConnect.woa/wa/bookSignup. Cette création n'est pas possible sans ce fameux EIN.

Ensuite, vous n'avez plus qu'à aller sur http://www.apple.com/itunes/content-providers/ pour télécharger l'application qui vous permettra de mettre vos livres en vente.

Ah, détail : cette application ne marche que sur les Apple les plus récents… Il faut espérer vendre beaucoup de livres pour amortir le prix d'un Apple !

Autre détail : il faut d'abord mettre votre livre au format ipub d'apple. Le logiciel Calibre téléchargeable gratuitement sur le net peut vous faire ça sans problème.

Comme vous voyez, ce n'est ni si facile, ni si difficile.

Si vous avez un éditeur, il peut s'en charger.

Et bien sûr, qui aura l'idée de chercher votre précieux livre parmi les millions de livres numériques disponibles ?

On en revient au sujet de fond de ce livre : promouvoir ses œuvres !

TABLE DES MATIERES

FIGURES

CHAT MAU EGYPTIEN

DIDIER HALLÉPÉE

COLLECTION RENCONTRES
ANIMAUX

Mon chat m'a dit
Mon chien m'a dit

Plus de 2000 citations

Didier Hallépée

Carrefour du Net Éditions

Collection Arc-en-Ciel

Citations & proverbes

Didier HALLÉPÉE

A MA FILLE

essai

Carrefour du net
Editions

ebooks

COLLECTION ARC EN CIEL

Didier HALLÉPÉE

A MON FILS

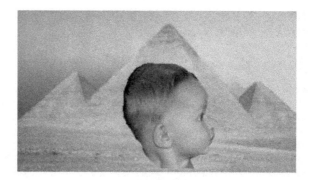

essai

Carrefour du net
Editions

ebooks

COLLECTION ARC-EN-CIEL

LES ENFANTS DU CHAT MAU

L'histoire du chat de race

Didier Hallépée

Éditions

Animaux

MON CHAT M'A CONTÉ

Contes et légendes de la gent féline

Didier HALLÉPÉE

Carrefour du net
Editions
ebooks

COLLECTION ARC EN CIEL

MON CHIEN M'A CONTÉ

Contes et légendes de la gent canine

Didier HALLÉPÉE

Carrefour du Net Éditions

ebooks

COLLECTION ARC-EN-CIEL

MON COQ M'A CONTÉ

Contes et légendes de la gent gallinacée

Didier HALLÉPÉE

Carrefour du Net Editions

ebooks

COLLECTION ARC-EN-CIEL

SECRETS DE CHAT

Carrefour du Net
Éditions
ebooks

Collection Arc-en-Ciel

SECRETS DE CHIEN

Plus de 1000 citations

Carrefour du net Editions
ebooks

COLLECTION ARC EN CIEL

MOT A MAU

MAU MEWS

Les pensées du chat mau – Mau thoughts

Come, superb cat, on my amorous heart

Didier HALLÉPÉE

Carrefour du net Editions
ebooks

COLLECTION ARC-EN-CIEL

PENSÉES ROYALES CANINES

KING BARKS

Les pensées du King Charles – King thoughts

A boy can learn a lot from a dog: obedience, loyalty,
and the importance of turning around three times before lying down

Robert Benchley

Didier HALLÉPÉE

Carrefour du Net Éditions

ebooks

COLLECTION ARC-EN-CIEL

MON OPERATEUR TELECOM ME VOLE-T-IL ?

Didier HALLÉPÉE

Didier HALLÉPÉE

Carrefour du Net Editions

ebooks

COLLECTION ARC-EN-CIEL

Faits de société

UNE ORANGE
BIEN JUTEUSE

Didier Hallépée

SOCIÉTÉ

ORANGE AMÈRE

Didier Hallépée

SOCIÉTÉ

GÉNÉRAL F. DE BRACK

AVANT-POSTES DE CAVALERIE LÉGÈRE

Souvenirs

Présenté par Didier HALLÉPÉE

COLLECTION ANCIEN CIEL

Stratège

JULES CÉSAR

LA GUERRE DES GAULES

Présenté par Didier Hallépée

Collection Au-tu-Ché

Lettres Latines

SAINT- SIMON

1. MÉMOIRES

Présenté par Didier Hallépée

Stratège

PAR CARTE ? OUI, MERCI

La carte de paiement acceptée sans peine

Didier Hallépée

Économie

SUDOKU-NEKO

volume 1

Didier HALLÉPÉE

les écrivains de
FONDCOMBE

Collection Jeux

Collection Animaux

LEWIS CARROLL

LES AVENTURES D'ALICE
ALICE AU PAYS DES MERVEILLES
DE L'AUTRE COTE DU MIROIR

Présenté par Didier HALLÉPÉE

 **FONDCOMBE**

Collection Lettres Classiques

TROIS GRANDS STRATEGES

SUN TZU – LES TREIZE ARTICLES
MIYAMOTO MUSASHI – LE LIVRE DES CINQ ANNEAUX
MACHIAVEL – LE PRINCE

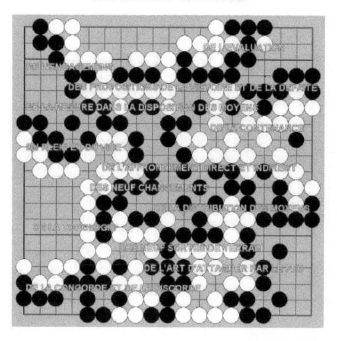

Présenté par Didier HALLÉPÉE

Collection Stratégie

Face au tout numérique, nous sommes tous presque égaux. Un inconnu peut connaître du jour au lendemain un succès mondial tandis que la multinationale tentera en vain de promouvoir à prix d'or un produit qui ne correspond pas aux attentes du public.

Les relais sociaux sont un extraordinaire outil de promotion pour celui qui sait les utiliser. Bien sûr, ils ne feront pas vendre l'invendable, mais au moins il y a là une chance que chacun peut saisir.

Evidemment, c'est comme tout, ça s'apprend.

Œuvrons par l'exemple : je vais prendre l'exemple d'un auteur (pourquoi pas moi ?) qui veut promouvoir ses œuvres. Ce que vous apprendrez ici peut s'appliquer à beaucoup de choses ;

Bienvenue aux cours virtuels de mon Institut des Hautes Etudes de e-Commerce (HEeC), Ecole sociale de marketing.

Didier HALLÉPÉE, ancien élève de l'école Polytechnique, PhD of Mathematics, PhD of Computer Sciences, PhD of Computer Security, fut un des pionniers de l'informatique personnelle, et des techniques de fenêtrage que Windows allait finir par adopter.

Dès les années 80, il prévoyait que, grâce à des applications performantes largement diffusées, l'ordinateur personnel serait un auxiliaire indispensable qui donnerait aux plus dynamiques d'entre nous la capacité de faire émerger leurs idées et de les diffuser.

L'arrivée d'internet, des réseaux sociaux et des smartphones ont conforté sa perception du monde numérique dans lequel nous baignons aujourd'hui.

Grâce aux nouvelles technologies, le monde est au creux de notre main et le succès est à notre portée. Qui d'entre nous saura en profiter ?

les écrivains de
FONDCOMBE

www.ingramcontent.com/pod-product-compliance
Lightning Source LLC
LaVergne TN
LVHW052309060326
832902LV00021B/3779